Nour

Je dédie ce livre à mon épouse Jeannine qui,
par son affectueux soutien compréhensif et désintéressé,
m'a permis d'effectuer un parcours atypique
particulièrement passionnant.

Jacques Noury

sous le charme des petits ports bretons

AQUARELLES DE JACQUES NOURY

Deuxième édition

RUPELLA

« Un port est un séjour charmant pour une âme fatiguée des luttes de la vie.

L'ampleur du ciel, l'architecture mobile des nuages, les colorations changeantes de la mer, le scintillement des phares, sont un prisme merveilleusement propre à amuser les yeux sans jamais les lasser.

Les formes élancées des navires, au gréement compliqué auxquels la houle imprime des oscillations harmonieuses, servent à entretenir dans l'âme le goût du rythme et de la beauté.

Et puis, surtout, il y a une sorte de plaisir mystérieux et aristocratique pour celui qui n'a plus ni curiosité ni ambition, à contempler, couché dans le belvédère ou accoudé sur le môle, tous ces mouvements de ceux qui partent et de ceux qui reviennent, de ceux qui ont encore la force de vouloir, le désir de voyager ou de s'enrichir. »

CHARLES BAUDELAIRE

C'est dans la lumière des paysages, dans les multiples variations des éclairages et la subtilités des tonalités, notamment de la Bretagne, que Jacques Noury puise depuis toujours son inspiration.

Toutes ses émotions sont là, exprimées dans un style figuratif au plus proche de ce qu'il voit et de ce qu'il ressent.

Aquarelliste chevronné, il n'a de cesse devant chaque motif qu'il reproduit, de vouloir « capter l'instant et en traduire les sensation fugaces ». À l'instar des Impressionnistes, Jacques Noury cherche avant tout à recréer l'atmosphère d'un lieu. Il délaisse le détail au profit de la vision d'ensemble, il adoucit les contours. Sa peinture s'apparente à une subtile quête du temps, à une poésie de l'instabilité atmosphérique. Les plus infimes changements dans l'ordonnancement des nuages jouent un rôle essentiel. On songe au grand maître anglais Turner, à ses ambiances vaporeuses déchiffrant la lumière, à ses mouvements aériens.

Pour interpréter le paysage, le peintre travaille d'abord en extérieur, ce qui lui permet de capter des sensations globales. « *Cette approche va du croquis annoté ou codé à la pochade avec prises de vues. Les photos sont utilisées comme aide-mémoire pour des détails de dessin mais jamais pour la couleur qui rélève du décodage de l'harmonie générale* », explique-t-il. À l'atelier, au cours d'un travail plus réfléchi, l'artiste fait ensuite appel à toutes les ressources de sa technique pour servir au mieux les impressions recueillies. L'œil et l'esprit se relaient et se complètent pour une représentation poétique du réel.

LA BRETAGNE MARQUE JACQUES NOURY DÈS SES PREMIERS SÉJOURS. C'EST À ELLE QU'IL RENDRA HOMMAGE.

Une vocation contrariée

C'est peut-être parce qu'il a attendu de longues années avant d'assouvir pleinement une vocation artistique pourtant précoce, que Jacques Noury a donné naissance à cette expression poétique si caractéristique de son art.

Tout jeune, au lycée, son professeur de dessin lui inculque les bases de son art. Il se passionne un moment pour le « *croquis vivant* » ; sa sœur se souvient encore des séances de pauses.

Jacques Noury a de qui tenir, à l'époque, son oncle restaurateur d'art est un artiste accompli. Il travaille pour les musées et pratique aussi bien la sculpture, la peinture, le pastel ou l'aquarelle. Son travail soulève l'enthousiasme du jeune homme et éveille en lui l'envie d'imiter, de reproduire la nature à travers la peinture. Cette passion ne le quittera pas alors même que sa vie professionnelle l'en éloignera pendant longtemps.

En effet, alors qu'il émet l'idée de suivre les traces de l'oncle tant admiré en s'inscrivant aux beaux-arts, son père le dissuade de suivre cette voie qui ne lui apparaît pas suffisamment sérieuse et sûre pour l'avenir. L'esprit de rebellion ne souffle pas encore et Jacques Noury ne va pas au-delà des préventions paternelles ; il prépare les Arts et Métiers et devient ingénieur, marqué à vie par l'esprit de camaraderie qui caractérise cette école. Mais son désir de peindre est toujours là et malgré un métier prenant, il trouve quelques heures de loin en loin pour continuer de pratiquer l'aquarelle, la peinture à l'eau comme on disait alors, honorant ainsi le privilège d'avoir été initié par son oncle qui peignait de façon précise et minutieuse, à la manière anglaise, une technique moins couramment pratiquée aujourd'hui.

Les deux vies de Jacques Noury

Pendant vingt-cinq ans Jacques Noury mènera une vie passionnante et intense en tant qu'ingénieur à la Shell.

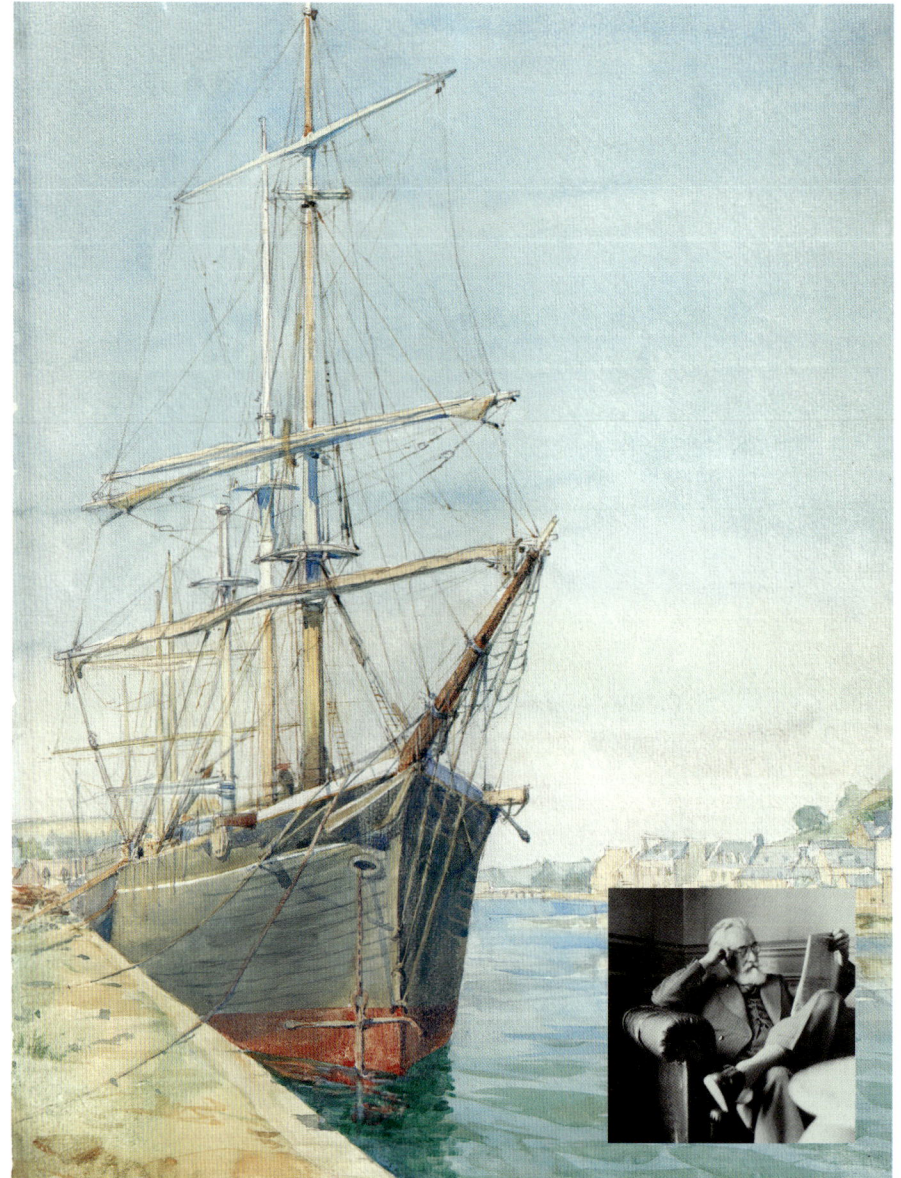

BINIC 1921 - AQUARELLE DE ROBERT CHARDAINNE

Les quinze années qu'il passera en Afrique occidentale le marqueront à jamais. Là-bas la lumière crue parfois violente des paysages ne correspond pas à sa sensibilité, mais il va s'attacher à la diversité humaine qu'il découvre au fil de ses voyages. Des visages rencontrés au cours de ses pérégrinations, portraits peints au pastel ou à l'aquarelle, feront l'objet d'une première exposition à Abidjan.

Durant ses vacances en France passées dans la maison de ses beaux-parents à Saint-Quay Portrieux, Jacques Noury va découvrir peu à peu la Bretagne, sa grande inspiratrice, qui lui donne de plus en plus envie de prendre ses pinceaux. D'une année sur l'autre, la reprise est cependant difficile ; le temps de retrouver l'inspiration nécessaire à la création et il faut déjà boucler les malles et repartir. Ces incessants ajournements aiguisent son désir et, à cinquante ans, il décide de quitter définitivement la vie industrielle pour se consacrer à plein temps à la peinture qui deviendra son nouveau métier. C'est le début de sa seconde vie.

Évocations marines

C'est en parcourant la Bretagne que Jacques Noury a ressenti ses plus belles émotions esthétiques. « Mon coup de foudre pour la côte bretonne remonte à 1949 ! J'ai été saisi par la subtilité et l'immense variété des éclairages, véritable symphonie en gris majeur... Le spectacle toujours renouvelé des marées, l'arrivée et le départ des bateaux de pêche, le bruit des moteurs, l'odeur du goudron et du poisson, le scintillement des sables et de la vase à marée descendante, le cri des goélands, le bruit des vagues déferlantes ; tout cela et bien d'autres sensations encore participent à mon attachement pour ce pays ».

Au gré de ses promenades, il découvre une atmosphère maritime qui comble sa sensibilité artistique : les petits ports aux vieux gréements, la variété et la délicatesse de l'orée du jour, les harmonies du soir des soleils tamisés et l'évanescence des nuages...

Jacques Noury évoque avec talent les brumes légères, les lumières bleutées, les petits villages se perdant à l'horizon, et toujours la prédominance de l'eau. « Le reflet est à la lumière ce que l'écho est au son » se plait-il à dire. Les îles Chausey, Saint-Malo, Dahouët, Erquy, les Sables d'Or, Binic, Paimpol, Plouha, Perros-Guirec, Ploumanac'h, Locquémeau, Roscoff, l'île de Batz, Camaret, Saint-Guénolé, Lesconil, Douarnenez, Port-la-Forêt, la Trinité-sur-Mer, l'île aux Moines, Belle Île, Le Croisic ; autant de lieux qui rythment le parcours artistique du peintre, dans un perpétuel jeu de miroirs d'ondes.

Une technique maîtrisée

Les aquarelles de Jacques Noury expriment une réalité cachée. Sa recherche picturale correspond au sens de cette phrase d'Eugène Fromentin : « Le secret de la bonne peinture est de rendre l'invisible. »

Pour traduire sa perception des grands ciels, des vastes étendues et restituer ses impressions *a posteriori* sans les trahir, il annote ses documents en utilisant un code personnel de couleurs.

Des années d'observation de la nature l'ont conduit à constater que l'atmosphère d'un paysage, résulte de l'incidence croisée de deux paramètres :

- La couleur du fond du ciel qui donne l'éclairage

- La couleur des nuages qui détermine la teinte dominante de l'aquarelle

La codification de ces paramètres facilite la mémorisation des conditions atmosphériques qui donnent l'ambiance générale et guide son travail d'interprétation effectué en atelier avec sa vision personnelle des choses.

L'atmosphère d'un paysage est déterminée par deux éléments :

La couleur des nuages qui détermine la teinte dominante de l'aquarelle.

La couleur de fond du ciel qui donne la lumière.

Un artiste généreux

De cet enthousiasme permanent, de cette passion, est né un autre désir : celui de partager et transmettre son art. Le peintre Michel Duvoisin, un ami de longue date de Jacques Noury, confirme cet aspect de son caractère : « Je sais à quel point Jacques est généreux, passionné, toujours à l'écoute de ses proches, toujours prêt à aider ceux qui en ont besoin, à transmettre son savoir et son enthousiasme ». Depuis des années en effet, Jacques Noury anime des stages d'aquarelles mettant l'accent sur la technique, dévoilant les dessous de son savoir-faire. Il aime « vider son sac de trucs » dont parlait Delacroix à propos de l'aquarelle. À chaque élève ensuite d'y puiser ses propres ressources afin de développer une méthode et un style personnel. La pédagogie a beaucoup compté pour Jacques Noury et cette activité est devenue un des aspects majeurs de son travail de peintre, grâce aux rencontres et aux chaleureux échanges qu'elle a initiés.

À la rencontre du public

Autodidacte, Jacques Noury n'en est pas moins reconnu par de nombreux amateurs. Après ses premières expositions à Abidjan puis à Laval, de nombreuses galeries ont exposé régulièrement son travail et fidélisé une clientèle en région parisienne (au Raincy notamment) et en Bretagne, sa terre de prédilection, en particulier à Saint-Brieuc et à Pont-Aven en compagnie de son ami peintre Peter Deluca.

Il a participé également aux grands salons comme le Salon de la Marine, le Salon du Dessin et de la Peinture à l'eau, le Salon des Artistes Présents qui ont contribué à sa notoriété.

Il y a quelques années, avec l'aide de sa femme qui l'a suivi et aidé pendant tout ce temps, il a ouvert à Tours sa galerie personnelle, dirigée aujourd'hui avec succès par sa fille.

Les îles Chausey

Pays de ce peintre fabuleux que fut Marin Marie... Pèlerinage émouvant à sa maison, son atelier... Souvenir d'une escale riche en événements... Faute d'hébergement disponible en raison de l'affluence, je profite de l'absence d'un employé de l'hôtel et occupe sa chambre. Il fait froid et les ouvertures sont sommaires. Gelé, je couche tout habillé et me lève avec le soleil. Ce concours de circonstances me permet de « tomber », à l'autre bout de l'île, à l'anse de la Truelle, sur un spectacle inoubliable qui sera à l'origine d'une grande aquarelle récompensée par le prix « Signature » au Salon des Artistes Présents du Bourget. Le prix à payer sera un retour en vedette par un vent force 9. Je n'oublierai jamais la frousse que m'a provoqué cette traversée. J'ai cru ne jamais pouvoir rejoindre Saint-Malo et retrouver ma famille !

Le Mont Saint-Michel

Comment voir « autrement » ce site exceptionnel envahi par la foule des touristes ?

En marchant beaucoup sur les chemins d'exploitation au milieu des prés salés jusqu'à découvrir une vieille bergerie au milieu des flaques d'eau, avec au loin le Mont et Tombelaine.

Comment prendre assez de recul et... de hauteur pour profiter du spectacle des sables à marée basse dans les méandres du Couénon ?

Une escapade en Ulm m'en donne l'occasion, et l'envie de tenter l'expérience à nouveau, à des heures différentes.

Saint-Malo

Je ne me lasse pas de Saint-Malo l'hiver, avec le vent, les cris des goélands, en vivant les ambiances si bien décrites par Bernard Simiot dans « Ces Messieurs de Saint-Malo ».

Lieu privilégié de rassemblements des Vieux gréements, tous mélangés en mer comme au port. Une fête de la mer pour tous qui reste à bonne échelle pour pouvoir l'apprécier et la retrouver avec toujours autant de plaisir.

Quelmer

Calme serein de la Rance avec ses petits chantiers navals pittoresques et tristes à la fois avec ces pauvres carcasses abandonnées qui se désagrègent un peu plus chaque année.

Les sables d'Or

Immensité des plages et du ciel qui permettent des éclairages incroyables.
Je me souviens être resté figé dans ma voiture devant un ciel d'après l'orage, tellement fort
et irréel qu'il supprimait en moi toute l'envie de restituer l'impression ressentie !

Erquy

Erquy est un de mes sites préférés.
L'orientation du port est telle qu'on profite
d'une lumière venant du sud, inhabituelle de ce côté,
de grands dégagements et d'une flottille
de chalutiers importante et colorée.

Dahouët

Le point de vue que l'on découvre à l'entrée de l'avant port est typique du fait de la hauteur des quais et de leur disposition. Cette perspective particulière conduit le peintre à des compositions qui sortent de l'ordinaire.

Le port a bien changé avec le développement de la plaisance ; il faut l'aide des vieilles photos jaunies pour l'imaginer au temps de la grande pêche à la morue quand les marins de Dahouët allaient sur les bancs de Terre Neuve.

Binic

C'est à Binic
que mon vieil oncle restaurateur d'objets d'art passait
ses vacances et en rapportait des aquarelles dont
les images ont marqué mon enfance.

Saint-Quay Portrieux

C'est à Saint-Quay Portrieux que j'ai eu
mes premiers contacts avec la Bretagne.

Plein de sensations fortes pour les yeux, le nez,
les oreilles, au cours des pêches à la crevette
à la plage du Moulin, « aux îles »,
avec le grand Jules. Des allées et venues
dans la vase du port au milieu des bateaux échoués.
Des éclairages étonnants après les averses d'orage.

Plouha

La plage Bonaparte... superbe endroit chargé d'histoire puisque c'est de là que les marins anglais venaient pendant la dernière guerre « récupérer » les paras recueillis par la Résistance.

Jane Birkin dont le père a participé à ces opérations en parle avec émotion.

J'ai le souvenir d'une promenade sur cette plage en hiver sous la neige : seul avec mon chien... sublime !

Plouha c'est aussi Port Moguer, Gwen Segal, des lieux isolés qu'on atteignait en empruntant des sentiers à flanc de falaise pour y passer de bons moments de vacances avec la famille, seuls... ou presque.

Bréhat

Bréhat, c'est avec l'absence de voiture, un calme que l'on a oublié ; c'est une flore abondante et variée favorisée par un « micro-climat » particulièrement doux. Ici l'hortensia règne en maître marié au granit des petites maisons de pêcheurs nichées dans les recoins d'une dentelle de rochers. On a l'impression d'être bien loin et pourtant si près de la côte !

Comment ne pas avoir envie d'y rester et d'y peindre ?

33

Port Even

Un point de vue superbe au coucher du soleil, à mi marée avec Paimpol en arrière-plan.
La « Croix des Veuves »,
émouvante et significative appellation pour cet endroit dominant l'anse de Paimpol où les femmes de marins venaient
guetter le retour de leurs maris avec un petit temps d'avance sur celles de Paimpol veillant, de leur côté, à Kerroc'h.

Loguivy de la Mer

Une multitude d'îlots rocheux entre la côte, et Bréhat, une multitude de crabes et d'araignées de mer,
une multitude d'images pittoresques du matin au soir dans une calme presque irréel.

J'aurais aimé habiter cet endroit.
C'est une source inépuisable d'émotions artistiques :
le spectacle inoubliable des levers de soleil à la tour
de Keroc'h, les rassemblements de vieux gréements avec
les fêtes de marins qui les accompagnent, le départ
de beaux voiliers prenant le chenal au petit matin.

C'est l'avant-port de Paimpol avec la tour
de Keroc'h dans le lointain qui m'a inspiré l'aquarelle
retenue par la Galerie Médicis pour l'affiche de ma
première exposition à Paris.

37

Perros-Guirec

Il faut bien chercher à l'écart
de cette forêt de mâts de bateaux
de plaisance, le vieux bateau sympa
échoué dans son coin pour une toilette
de sa coque. On y arrive.

Ploumanac'h

Sans doute le petit port de cette côte qui présente
le plus de possibilités pour un peintre.

Son étendue et sa disposition en arc de cercle font
qu'il y a toujours quelque chose d'intéressant à saisir
à Ploumanac'h à marée haute, à marée basse
et du matin au soir toute l'année...

Je ne m'en suis pas privé
et j'ai souvent travaillé là, en particulier au moment
des rassemblements de vieux gréements. Un vrai régal.

Locquémeau

Ce tout petit port à proximité de Launion a constitué pour moi pendant longtemps
(c'est hélas de moins en moins vrai au fur et à mesure que les années passent) un endroit privilégié où je savais pouvoir trouver
à coup sûr des petits bateaux pittoresques attendant, échoués dans un calme parfait, le retour de la marée.

Île de Batz

J'aurais du mal à compter le nombre d'aquarelles inspirées par cette île tant elle me plaît.
Là aussi il faut attendre le départ de la dernière vedette et coucher sur place pour l'apprécier pleinement.
Comme on y resterait bien !...

Roscoff

Un endroit dur, exposé aux vents du large avec là aussi beaucoup de possibilités à l'abri des quais.
J'ai eu la chance d'y voir des couchers de soleil exceptionnels...

Camaret

Pour moi, Camaret c'est l'image insolite des bateaux de pêche en chantier de carénage sur la terre ferme tout près de la Chapelle de Notre Dame de Rocamadour.

C'est aussi la Pointe de Penhir et ses tas de pois.

C'est l'élégante silhouette des voiliers quittant Brest, La « Belle Poule » et sa superbe sœur jumelle « l'Étoile » majestueux navires écoles de la Marine Nationale.

53

Noary

Douarnenez

C'est à Douarnenez en 1986 que j'ai eu l'immense plaisir de voir ce qu'est un rassemblement de vieux gréements avec toute la fête qui l'accompagne.

J'ai vécu des journées fantastiques du lever au coucher du soleil, en mer et à terre avec le tampon officiel sur le bras (qui fait office de billet d'entrée).

J'ai depuis, participé à ces rassemblements à chaque fois que c'était possible avec le même enthousiasme et la même délectation « picturale ».

Saint-Guénolé

Saint-Guénolé il y a vingt ans avec ses chalutiers échoués dans le port tout près du quai
avant les aménagements qui l'ont transformé.
Tous mes regrets accompagnent la disparition progressive du pittoresque (de ce qui était le mien...).
Ce qui est vrai à Saint-Guénolé l'est aussi, hélas, dans bien des ports de Trébeurden à Lesconil...

Lesconil

Dans l'arrière port de Lesconil on trouve encore de beaux petits bateaux profitant du calme
de l'abri loin de l'agitation du port principal et de ses tonnes de langoustines.

Un régal pour les yeux, le soir et le matin en particulier...

58

Port-la-Forêt

Il faut le trouver ce mini-port tout au fond de la baie de Concarneau près de la forêt Fouesnant... Peu de chance d'y arriver sans en connaître l'accès.

Quel calme ! L'impression d'être subitement transporté à l'écart du monde.

A Port la Forêt, j'ai toujours une pensée pour Robert Yan ce peintre de la Marine décédé maintenant dont les aquarelles m'ont toujours beaucoup plu et qui aimait bien cet endroit.

59

Concarneau

Pour moi, Concarneau, c'est l'image d'un petit coin près de la pointe du Cabellou appelé Douric ar Zin qui me vient à l'esprit.

Mêmes impressions qu'à Port la Forêt. J'y ai souvent travaillé, loin du monde...

Belle île

Rarement un endroit a si bien mérité son nom ! superbe et impressionnante côte sauvage d'un côté,
calme et pittoresques ports du Palais et de Sauzon de l'autre.

Que de peintres sont venus chercher ici l'inspiration. A commencer par Courbet et Monnet. Aucun n'a échappé à l'irrésistible envie
de peindre Sauzon, je n'y ai pas résisté non plus...

La Trinité-sur-Mer

On ne peut passer à la Trinité sans penser aux grands navigateurs modernes et à leurs superbes multicoques,
à Tabarly entre autres...

On arrive « dans le Golfe » avec la multitude de ses îles où quelques célébrités y ont trouvé un refuge digne du paradis. J'ai sillonné l'île aux Moines en bicyclette, comme il se doit et à cette occasion, retrouvé les sensations de ma jeunesse grâce à ce moyen de locomotion oublié. Le Golfe c'est aussi le souvenir de Paul Perraudin autre peintre de la Marine disparu également et dont j'allais admirer les aquarelles qui me fascinaient à la Galerie Saint-Honoré rue du Faubourg Saint-Honoré lorsque je travaillais rue de Berri avant de me lancer, à mon tour dans l'aquarelle.

L'Île aux Moines

Le Croisic

*Je tiens à exprimer ici mes remerciements et ma reconnaissance
à tous ceux qui m'ont permis d'amorcer
et de développer ma carrière artistique
en présentant mon travail au Public.*

Je pense en particulier à :

Héléne Chartier de la galerie de l'Atelier de Laval
Dominique Lagarde de la galerie du Chapitre à Rennes
Bernadette Weider de la galerie d'art du Raincy
Dominique Vincent de la galerie Flore à Saint-Brieuc
André Guinemer de la galerie Guinemer à Saint-Malo
Madame et Monsieur Mevel du Manoir du Moustoir à Saint-Evarzec
Jean-Marie et Marie Paule Balabaud de la Galerie Marine à l'Île de Ré
avec une pensée particulière pour Jean-Marie qui nous a quitté si tragiquement.
Antoine et Evelyne Rocher de la Galerie du Cadre Noir à Livry-Gargan.
Mes amis peintres Peter Deluca de Pont Aven
et Michel Duvoisin
Jean-Louis Lahetjuzan, créateur d'Aquarupella,
qui a largement diffusé mes images de Bretagne et qui est à l'origine de ce livre.

Jacques Noury

Les différents sites évoqués

Jacques Noury

est né dans le Maine et Loire à Segré en 1927

Atelier et domicile : 6, place de la Victoire

37000 Tours - 02 47 37 89 04

E-mail : nouryaquarelle@wanadoo.fr

Galerie : 15, place de la Résistance 37000 Tours - Tél. 02 47 64 25 76

Achevé d'imprimer en juillet 2004
sur les presses de l'Imprimerie de l'Ouest à La Rochelle - France

Dépôt légal : juillet 2004   Isbn : 2-86474-078-8